HELGA SINCLAIR

Größe: 1,77 m **Gewicht:** 57 kg **Alter:** 30

Geburtsort: Frankfurt, Deutschland
Beruf: Rourkes Assistentin

Eigenschaften: Sie ist wunderschön, geheimnisvoll und zäh. Sie geht gerne Risiken ein

Helga Sinclair ist wunderschön, geheimnisvoll, zäh und die rechte Hand von Commander Rourke. Sie verfügt über einen scharfen Verstand, der sie zu einer hervorragenden Ausbilderin macht. Sie hat Kenntnisse im Umgang mit Schusswaffen und Kampfsportarten. Anders als der Rest der Expeditionsteilnehmer hat Helga Rourkes Pläne, den Kristall zu stehlen, von Anfang an gekannt. Sie will nicht, dass die Atlanter sterben, dennoch ist sie auf Rourkes Seite.

KASHEKIM NEDAKH

Größe: 1,88 m **Gewicht:** 88 kg **Alter:** 20 000

Geburtsort: Nedak-Palast
Stellung: König von Atlantis

Eigenschaften: sehr alt und sehr weise

Der König ist sehr alt und sehr weise. Nun, da seine Gesundheit angegriffen ist, bereut er seine Entscheidung, seinem Volk und vor allem seiner Tochter Kida nicht die Wahrheit über den Untergang von Atlantis erzählt zu haben.

PRINZESSIN KIDAGAKASH „KIDA“

Größe: 1,67 m **Gewicht:** 58 kg **Alter:** 8500

Geburtsort: Nedak-Palast
Stellung: Thronfolgerin von Atlantis

Eigenschaften: tapfere Kriegerin und gute Herrscherin

Kida ist seltsam, aber wunderschön. Sie ist mutig und erfindungsreich. Obwohl sie schon 8500 Jahre alt ist, weiß sie nicht, warum Atlantis untergegangen ist. Doch dann bekommt sie von Milo Hilfe. Von ihm erfährt sie auch die Geheimnisse der verlorenen Stadt und kann so ihr königliches Erbe antreten.

Atlantis: Das Geheimnis der verlorenen Stadt / Walt Disney.
Übers.: Imke Weichert. - München : Egmont Schneider, 2001
Einheitssacht.: The lost empire <dt.>
ISBN 3-505-11662-9

Atlantis - Das Geheimnis der verlorenen Stadt

Titel der Originalausgabe: Atlantis - The Lost Empire
Erschienen 2001 im Egmont Franz Schneider Verlag, München
Übersetzung: Dr. Imke Weichert
Redaktion: Daniela Blaga
Einbandgestaltung: Doris Grützmacher
Satz: W. E. Weinmann Druck + Media GmbH, Filderstadt
Druck: Proost, N. V., Belgien
ISBN 3-505-11662-9
EBS Ref. No.: 1030-155

Disney's

ATLANTIS

DAS GEHEIMNIS DER VERLORENEN STADT

EGMONT FRANZ SCHNEIDER VERLAG

Das Tagebuch des Hirten

Die große Stadt Atlantis schwebt in schrecklicher Gefahr. Wie jedes Mal bei einer Bedrohung sucht der Mutterkristall, die geheimnisvolle atlantische Energiequelle, mit Lichtstrahlen eine Person königlicher Abstammung. Seine Wahl fällt auf die Königin. Als sie vom Kristall fortgezogen wird, ergreift sie verzweifelt das Handgelenk ihrer Tochter. Den Armreif ihres Kindes nimmt sie als Erinnerung mit. Zwar verliert die kleine Prinzessin ihre Mutter für immer, aber Atlantis ist gerettet. Doch die Stadt versinkt im Meer ...

Man schreibt das Jahr 1914. Milo James Thatch arbeitet als begabter Kartograf und Linguist (das bedeutet, dass er besonders gut Karten zeichnen und Sprachen entschlüsseln kann) im Keller eines Museums.

Gerade übt Milo eine Rede, die er vor den Direktoren des Museums halten soll. Er hat die Absicht, die Museumsleitung davon zu überzeugen, ihn auf eine Expedition zu schicken. Milo ist nämlich von der verlorenen Stadt fasziniert und überzeugt, dass sich das *Tagebuch des Hirten,* der Schlüssel zu der vergessenen Stadt, in Island befindet.

Milo übt jedes Wort seiner Rede, bis er sie fast im Schlaf kann. Müde macht er sich schließlich auf den Weg nach Hause.
Bevor Milo aber geht, wirft er noch einen Blick auf eine alte Fotografie, die ihn zusammen mit Großvater Thaddeus Thatch zeigt. Sein Großvater hat sein Leben lang nach dem *Tagebuch des Hirten* gesucht, es aber niemals gefunden. Dass er nun die Suche seines geliebten Großvaters fortsetzt, lässt Milo schmunzeln.

Plötzlich klingelt das Telefon. Es ist die Sekretärin der Direktoren, die Milos Treffen mit der Museumsleitung absagt. Milo ist entsetzt. In Panik greift er seinen Mantel und die Landkarten und stürmt die Treppen hinauf.
„Mr. Harcourt!“, schreit Milo, als einer der Direktoren einfach vor ihm davonrennt. „Ich kann beweisen, dass Atlantis existiert!“
Doch Mr. Harcourt braust davon und lässt Milo enttäuscht zurück.

Die Expedition

Als Milo in seine Wohnung zurückkehrt,
wartet dort eine seltsame Frau auf ihn. Ihr Name ist Helga.
„Milo James Thatch?“, fragt sie.
„Wer sind Sie?“, will Milo wissen. „Und wie sind Sie hier hereingekommen?“
„Ich bin im Auftrag meines Arbeitgebers hier. Er hat einen interessanten Vorschlag für Sie“, antwortet Helga. „Wollen Sie ihn hören?“

Helga bringt Milo zu Preston B. Whitmore, einem eigenwilligen Millionär, der Milo ein Päckchen überreicht. Als Milo es öffnet, erschrickt er. „*Das Tagebuch des Hirten*!", ruft er erstaunt.
„Ihr Großvater und ich waren sehr gute Freunde", erklärt Whitmore. „Ich hatte ihm versprochen, eine Expedition nach Atlantis zu bezahlen, falls er das Buch je fände. Und er hat es tatsächlich gefunden, kurz vor seinem Tod, und zwar in Island! Ich denke, jetzt müssen Sie in die Fußstapfen Ihres Großvaters treten."
Milo wird es ganz heiß vor Glück. Seine Vermutung war richtig! Und da er als Einziger die atlantische Sprache lesen und verstehen kann, soll er an dieser Expedition teilnehmen, das Tagebuch übersetzen und sie so zu der verlorenen Stadt führen.

Natürlich zögert Milo nicht eine Sekunde und schon wenige Tage später befindet er sich auf einem Schiff.
Eine Stimme aus dem Lautsprecher verkündet, dass es an der Zeit ist, an Bord der Ulysses zu gehen, dem U-Boot, das das Forschungsteam nach Atlantis bringen soll.
Milo ist überrascht, als er Helga dort wiedertrifft. Sie ist als 1. Lieutenant einem Mann namens Commander Rourke unterstellt. „Sehr erfreut, Thaddeus' Enkel kennen zu lernen", begrüßt ihn Rourke.

An Bord streckt sich Milo auf seiner Koje aus. Doch plötzlich fängt ein seltsamer Mann, der den komischen Namen Buddler hat, an ihn zu beschimpfen. Buddler, der Höhlenforscher der Expedition, hat gerade winzige Staubkörnchen auf Milos Bett untersuchen wollen, als Milo sie zerdrückt.

Dr. Sweet aber, der Arzt der Expedition, kommt Milo zu Hilfe.

„Verschwinden Sie!“, fährt er Buddler an. „Ich habe Seife dabei und ich scheue mich nicht, sie zu benutzen!“

Dr. Sweet weiß, dass Buddler alles Saubere hasst. Und so verschwindet der Störenfried schnell.

Der Leviathan

Milo ist erleichtert, als er in das Besprechungszimmer gerufen wird. Dort hört ihm die Mannschaft gespannt zu, wie man Atlantis erreichen kann. „Die erste Schwierigkeit ist der Leviathan“, erklärt Milo. „Er soll ein riesiges Seeungeheuer sein, das das Tor zu der Stadt bewacht und sie gegen alle Eindringlinge verteidigt.“

„Commander Rourke“, ertönt am nächsten Tag plötzlich die Stimme von Mrs. Packard, der Nachrichtenexpertin. „Ich empfange etwas Merkwürdiges über das Hydrofon. Sie sollten sich das einmal anhören.“
„Klingt metallisch“, stellt Helga fest.
„Wird es nicht immer lauter oder täusche ich mich?“, fragt Milo.

Es ist der Leviathan! Es gibt ihn also doch! Die riesige Kreatur holt mit ihren Hummerscheren gegen das U-Boot aus und zerschneidet mit den gewaltigen Klauen die Hülle des Schiffskörpers. Als die Ulysses hin- und hergeschleudert wird, kracht Milo gegen das Sichtfenster. Von dort erblickt er das riesige Auge des Leviathans.

„Du liebe Güte!“, schreit Milo. „Das ist ja eine Maschine!“

Um das Mutterschiff zu schützen, rücken die kleinen Satellitenboote aus, aber der Leviathan ist einfach zu stark. Er bricht das U-Boot mühelos in zwei Teile. Schnell klettern Milo, Helga, Rourke und einige andere Crew-Mitglieder in ein Unterwasser-Evakuierungsboot.
„Welche Richtung, Mr. Thatch?“, ruft Rourke.
„Wir müssen nach einem großen Riss oder einer Höhle suchen ...“, antwortet Milo nervös. „Da vorn!“
Er vermutet, dass Atlantis auf der anderen Seite einer Unterwasserhöhle liegt. So schnell sie können, steuern sie auf die Höhle zu ...

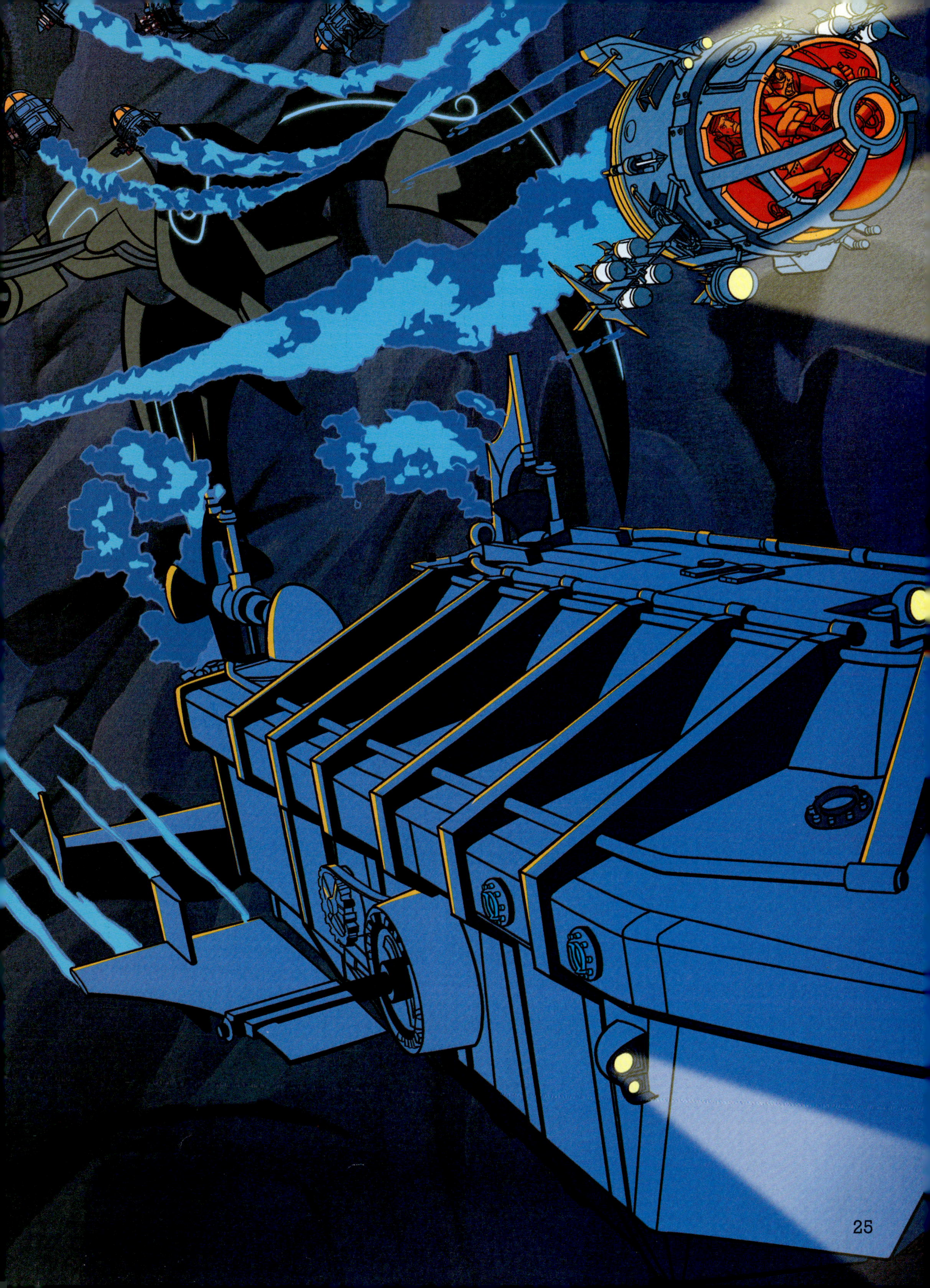

Kurze Zeit später erreichen Milo und die anderen Überlebenden eine sichere Luftblase in der Unterwasserhöhle.
„Von jetzt an übernimmt jeder doppelt so viele Aufgaben", ordnet Commander Rourke an. Dann wendet er sich an Milo, der das *Tagebuch des Hirten* umklammert. „Es sieht so aus, als würden all unsere Überlebenschancen von Ihnen abhängen, Mr. Thatch – und von diesem kleinen Buch."

Auch wenn sich die anderen über Milo lustig machen, weil er seine Nase ständig in das kleine Buch steckt, studiert er eifrig Tag und Nacht das *Tagebuch des Hirten* um die Straße nach Atlantis zu finden. Die anderen erfüllen ihre Aufgaben ebenfalls gewissenhaft.
Der Sprengstoffexperte Vinny jagt eine antike Säule in die Luft, die ihnen als Brücke dient. Buddler bahnt sich mit seinem Wühler den Weg durch Straßensperren. Und Audrey hält die Fahrzeuge in Gang.

Eines Nachts schlagen die Forscher ihr Nachtlager außerhalb einer Höhle auf. Wie gewöhnlich vertieft sich Milo etwas abseits in *das Tagebuch des Hirten*, aber noch immer ergibt nicht alles einen Sinn. „Es ist fast so, als ob eine ganze Seite fehlt“, murmelt er.
Die anderen holen Milo ans Lagerfeuer. Bei dieser Gelegenheit erfährt er, dass Dr. Sweet von einem indianischen Medizinmann gelernt hat, dass Vinny einmal eine Blumenhandlung besessen hat und dass Audrey als Automechanikerin in die Fußstapfen ihres Vaters getreten ist. Doch niemand bemerkt, dass sie beobachtet werden.

Spät in der Nacht schlafen alle, nur Milo ist noch einmal kurz aufgestanden. Unbeabsichtigt schreckt er einige Feuerfliegen in der Nähe des Lagers auf. Diese greifen sofort die Zelte an und bald darauf steht alles in Flammen! „Feuer!“, schreit Milo und weckt die anderen. „Dorthin“, befiehlt Rourke und weist auf eine nahe gelegene Brücke. Doch als die Mannschaft die Brücke überquert, explodiert einer der Treibstofftransporter und reißt alle Fahrzeuge mit sich in den Abgrund.

Die Forscher landen in einer dunklen Höhle. Buddler kniet sofort nieder und untersucht die Erde.
„Lava-Asche“, stellt er fest. „Wir stehen auf einem schlafenden Vulkan!“
Helga feuert eine Leuchtkugel in den Schacht über ihnen. Höher und höher steigt das Leuchtgeschoss, bis es endlich tausende Fuß über ihnen irgendwo einschlägt.

Der Sturz hat Milo von den anderen getrennt. Er liegt bewusstlos mit einer verletzten Schulter in einem anderen Teil der Höhle. Als er zu sich kommt, sieht er seltsame Krieger mit Masken und Speeren vor sich stehen.
Ihm stockt der Atem, denn einer von ihnen nähert sich ihm plötzlich. Es ist eine Frau. Sie schiebt ihre Maske zurück und berührt Milos Schulter sanft mit einem strahlend weißen Kristall. Auf der Stelle ist seine Wunde geheilt! Und bevor er ihr danken kann, sind die Fremden wieder verschwunden.

Ankunft in Atlantis

Die Krieger sind durch den Lärm der Maschine erschreckt worden, mit der sich Rourkes Forscher durch die Höhlenwand bohrten. Milo versucht ihnen zu folgen, doch an einem Felsvorsprung kommt er nicht mehr weiter. Vor ihm liegt die großartige Stadt Atlantis. Als die anderen bei Milo ankommen, sind auch sie von der Schönheit der Stadt bewegt.
„Heilige Mutter Gottes!“, stößt Cookie hervor.
„Es ist wunderschön“, flüstert Audrey.

Auf einmal springen die Krieger hinter den Felsen hervor und bauen sich vor den Forschern auf. Gerade als sich ein Kampf anzubahnen droht, nimmt der Anführer seine Maske ab – es ist dasselbe Mädchen, das Milos Wunde geheilt hat. Milo nimmt seinen ganzen Mut zusammen und spricht sie in der atlantischen Sprache an.

Der Name der Kriegerin ist Kida. Obwohl sie sehr jung aussieht, ist sie jene Prinzessin, die vor langer, langer Zeit mit ansehen musste, wie ihre Mutter zu einem Kristall wurde und damit Atlantis rettete.
Während Kida und Milo sich unterhalten, weicht die Spannung zwischen der Expeditionsgruppe und den Atlantern.
„Willkommen in Atlantis", sagt die Prinzessin schließlich, als sie die Forscher über eine lange Brücke in die Stadt führt.

Kida bringt Milo, Rourke und Helga zu ihrem Vater, dem König. Sie erklärt ihm, dass die Besucher ihnen helfen könnten, Fragen zur Vergangenheit von Atlantis zu beantworten. Doch der König ist verärgert.
„Du kennst das Gesetz, Kida", sagt er auf atlantisch. „Kein Fremder darf die Stadt und das Leben hier sehen."
Rourke beteuert, dass sie mit friedlichen Absichten gekommen sind, aber der König misstraut ihm. Er befiehlt ihnen, zur Erdoberfläche zurückzukehren, doch Rourke möchte wenigstens noch eine Nacht bleiben.
„Nun gut", erwidert der König schließlich. „Eine Nacht. Und nicht länger!"

Sobald die Besucher gegangen sind, sinkt der alte König entkräftet auf sein Lager.

„Einst waren wir ein großes Volk. Nun leben wir in Ruinen", erinnert Kida ihren Vater und trocknet seine fiebrige Stirn. „Wenn diese Fremden die Geheimnisse unserer Vergangenheit aufdecken können, retten wir vielleicht auch unsere Zukunft."

Doch der König bleibt bei seinem Entschluss, denn er fürchtet, dass die Fremden nur Schwierigkeiten bringen.

Kida und Milo besichtigen Atlantis

Warum der König so abweisend war, ist allen ein Rätsel. „Ich denke, der König hat etwas zu verbergen“, vermutet Milo. „Jemand muss mit diesem Mädchen reden“, meint Helga. Sofort meldet Buddler sich freiwillig, denn er findet Kida toll. Doch Rourke bestimmt Milo für diese Aufgabe. „Gib dein Bestes“, flachst Audrey und stößt Milo vorwärts.

Auch Kida ist neugierig. Und als Milo zu ihr kommt, stellen sich beide gegenseitig viele Fragen. Milo gibt Kida das *Tagebuch des Hirten*, damit sie selbst darin lesen kann. Kida schaut bestürzt. „Das kannst du lesen?“ Sie starrt auf die Seiten. „Ja, ich kann Atlantisch lesen wie du!“, erwidert Milo. Dann erkennt er, dass Kida nur Atlantisch sprechen, nicht aber lesen kann.

Kida beschließt Milo die Stadt zu zeigen – trotz des Verbots ihres Vaters. Sie treffen seltsame Haustiere, spielende Kinder und am Ende führt ihn Kida zum Essen zu einer atlantischen Familie.
„Weißt du, Kida“, sagt Milo nachdenklich. „Was wir zu finden gehofft hatten, waren eingefallene Gebäude, vielleicht einige Tonscherben ... Stattdessen finden wir eine lebendige, blühende Stadt.“
Der große Traum seines Großvaters – und sein eigener – ist endlich in Erfüllung gegangen!

Aber Kida will Milo noch etwas ganz Besonderes zeigen. Sie führt ihn in ein geheimes Gewölbe unter Wasser. Kidas kleine Kristallkette beginnt zu leuchten, und das Licht ihrer Strahlen trifft andere kleine Kristalle an den Wänden. Im Schein der Kristalle sieht Milo, dass die Wände über und über mit uralten Malereien bedeckt sind, die die Geschichte von Atlantis erzählen. Kida hofft, dass Milo die Bedeutung der seltsamen Wandgemälde erklären kann.

Milo studiert die Bilder und versteht plötzlich – alle Atlanter tragen ihren eigenen Kristall um den Hals, der irgendwie mit einer großen zentralen Energiequelle verbunden ist.
„Das ist das Herz von Atlantis! Davon ist im *Tagebuch des Hirten* die Rede. Kein Stern – es ist eine Art Kristall wie dieser hier!" Milo ergreift Kidas Kristall. „Das ist es, was euch alle, ganz Atlantis, am Leben erhält!"

Rourkes teuflischer Plan

Als Milo und Kida von ihrem Ausflug zurückkehren, warten Rourke und die anderen bereits auf sie. Grinsend hält Rourke die fehlende Seite aus dem *Tagebuch des Hirten* Milo entgegen. Die Seite zeigt das Bild einer Kristallkammer mit dem großen Mutterkristall, der allem Leben in Atlantis Kraft verleiht. Da begreift Milo, dass Rourke die Seite herausgerissen hat um den Mutterkristall zu stehlen.
Milo fleht Rourke an: „Das ist die Energiequelle von Atlantis! Nur der Kristall kann diese Menschen am Leben erhalten. Ohne ihn werden sie sterben!“

Milo weigert sich, Rourke bei der Zerstörung von Atlantis zu helfen. Doch ungerührt befiehlt Rourke seinen Männern in den Palast einzudringen und den Mutterkristall zu suchen.
„Wo ist die Kammer mit dem Kristall?“, brüllt Rourke Kidas Vater an, der grob von zwei Männern festgehalten wird.
„Ihr werdet euch selbst zerstören“, ist alles, was der schwache König erwidern kann.

Rourke wirft sich auf den Thron des Königs. Da erkennt er, dass die Steine in dem Teich genau so angeordnet sind, wie es im Tagebuch beschrieben ist. Und in der Mitte dieses Musters ist ein Lichtstrahl zu sehen. Rourke ahnt gleich, dass er etwas Großem auf der Spur ist.
Er geht auf den Lichtpunkt zu. Das Wasser weicht zurück. Es scheint fast so, als hätte er eine Art Unterwasser-Fahrstuhl entdeckt.
Helga folgt Rourke und gemeinsam zwingen sie Milo und Kida ebenfalls in den Fahrstuhl. Rourke ist sicher, dass der Mutterkristall in greifbare Nähe gerückt ist.

Der Wasserfahrstuhl bringt die Gruppe tief unter die Stadt.
Milo und Kida blicken sich überrascht um. Riesige Steinstatuen vergangener atlantischer Könige schweben über ihnen. Die majestätischen Steine stehen im Kreis und schützen den Mutterkristall, das Herz von Atlantis.
Milo und Kida sind tief beeindruckt, aber Rourke und Helga denken nur daran, wie viel Geld sie mit dem gestohlenen Mutterkristall zu Hause verdienen können.

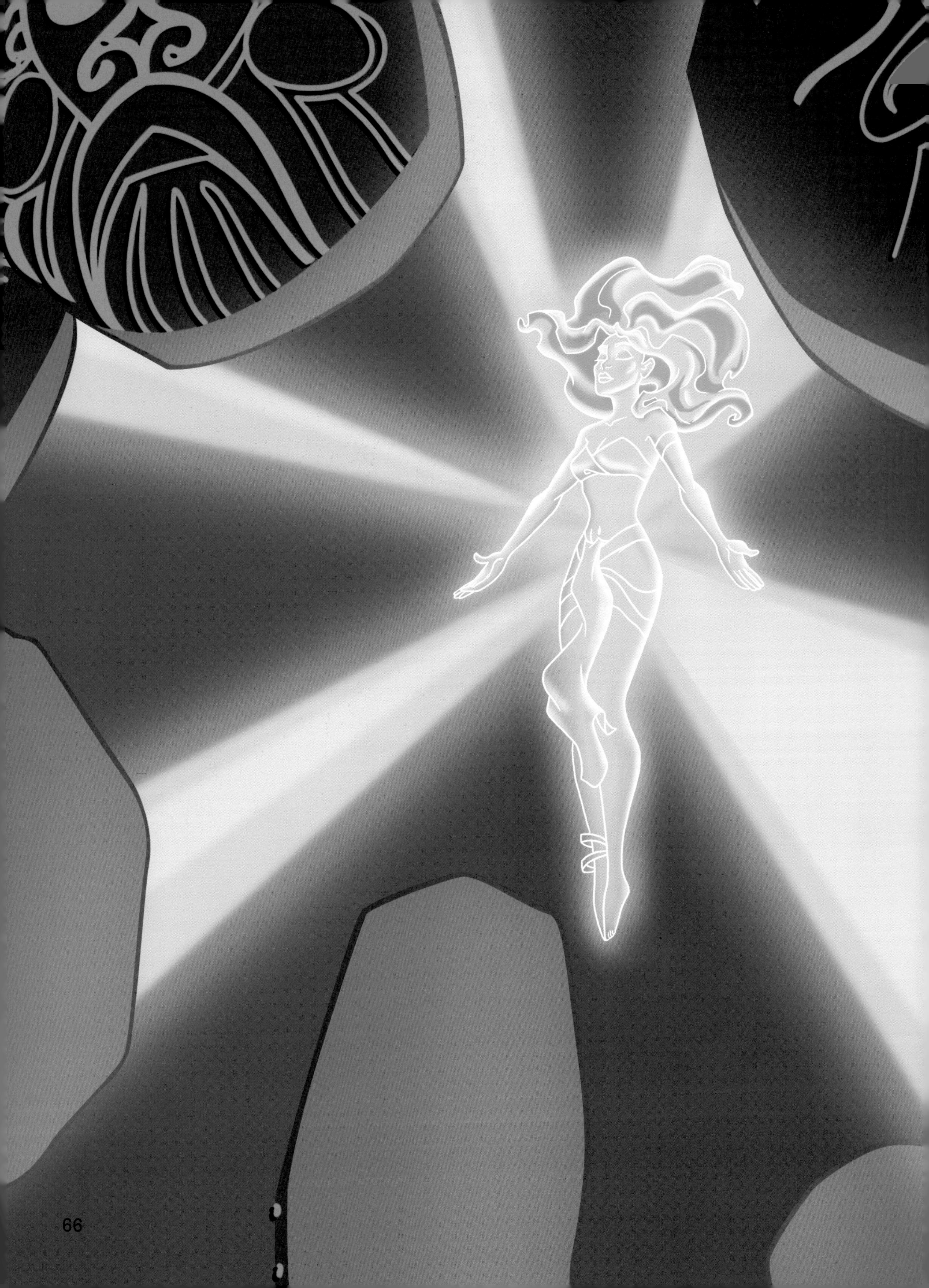

Bei Gefahr vereinigt der Kristall seine Energie mit einer Person königlicher Abstammung. Der Mutterkristall spürt Rourkes böse Absichten und schickt nun einen Lichtstrahl aus, der Kida in die Höhe hebt. Kidas Körper und Seele beginnen zu Kristall zu werden und vereinigen sich mit den Kräften des Mutterkristalls – so wie einst ihre Mutter.
„Hab keine Angst. Alles wird gut, Milo Thatch", beruhigt Kida Milo noch auf atlantisch, so dass weder Rourke noch Helga sie verstehen können.

Rourke und Helga gelingt es, die kristallisierte Prinzessin in eine spezielle Kapsel zu bringen, die sie eigens für den Transport des gestohlenen Kristalls mitgebracht haben. Besorgt beobachtet Milo, wie seine so genannten Freunde die Kapsel auf einen Lastwagen laden – und Atlantis und sein Volk im Stich lassen.
„Gratuliere, Audrey", versucht Milo ihre Schuldgefühle zu wecken. „Ich schätze, du und dein Vater können doch noch die zweite Werkstatt eröffnen."

Audrey versucht Milos Worte zu ignorieren ... bis ihn Rourke niederschlägt um ihn in Atlantis zurückzulassen.
Doch dieses Mal ist Rourke zu weit gegangen: Vinny, Audrey, Mrs. Packard, Cookie, Dr. Sweet und sogar Buddler bringen es nicht übers Herz, Milo sich selbst zu überlassen.
Sie beschließen an seiner Seite zu bleiben, während Helga, Rourke und seine Männer in Lastern mit der kristallisierten Kida in der Transportkapsel aus der Stadt fahren.

Milo bricht es fast das Herz, dass Kida als Rourkes Gefangene die Stadt verlässt. Atlantis und sein Volk werden ohne die Energiequelle nicht überleben. Traurig geht er zu Kidas Vater um ihm alles zu erzählen. Dr. Sweet ist bei ihm und kümmert sich um den sterbenden König.
Doch statt zornig zu werden, gibt der König Milo seinen eigenen Kristall.
„Bring den Kristall zurück! Rette die Stadt! Rette meine Tochter!", sind seine letzten Worte.

Milo schleudert verzweifelt das *Tagebuch des Hirten* zu Boden. Alles ist seine Schuld. Dr. Sweet findet, dass ein paar ermutigende Worte dringend nötig sind.

„Wenn du ganz unten bist, führt der einzige Weg nach oben“, tröstet ihn Dr. Sweet und hebt das *Tagebuch des Hirten* auf.

„Wer hat das gesagt?“, fragt Milo verzweifelt.

„Ein Mann namens Thaddeus Thatch“, erwidert Dr. Sweet.

Der Kampf mit Rourke

Dr. Sweets Worte erfüllen Milo mit neuer Entschlossenheit. „Los, Leute!“, ruft er, während er nach draußen läuft. Milo zeigt den Atlantern, wie sie mithilfe ihrer Kristallanhänger die fliegenden Fische aus Stein starten können. Bald darauf schließen sich ihm auch die anderen an. Milo springt in einen der Fische. „Auf zum Angriff!“, ruft er und setzt sich an die Spitze. Alle erheben sich in die Lüfte um Rourke und Kida zu suchen.

Inzwischen haben Rourke und seine Leute einen speziellen Lastwagen vorbereitet, der einen Heißluftballon birgt. Damit will Rourke durch die Vulkanöffnung entkommen. Kida ist in der Transportkapsel eingeschlossen, die unten am Ballon befestigt ist.

Tapfer führt Milo die anderen in den Vulkan. Sie feuern mit den Laserstrahlen auf Rourkes Ballon.

„Auf keinen Fall dürfen sie die Öffnung erreichen!“, ruft Milo. Audrey, Buddler und Dr. Sweet versuchen die Kapsel abzutrennen, die Kida an Rourkes Ballon bindet, doch die Kette ist zu stark.

Helga und Rourke kämpfen verzweifelt darum, die Vulkanspitze zu erreichen. Rourkes Männer feuern eine Kanone ab um einen Ausgang zur Flucht freizuschießen.
Doch Milo steuert seinen atlantischen Fisch genau auf den Ballon zu. Und RRAAATTTSSSCHHHH! reißt er ein Loch hinein.
Sofort beginnt der Ballon zu sinken.
Rourke überlegt nicht lange und wirft Helga über Bord um so wieder an Höhe zu gewinnen. „Ist nicht persönlich gemeint", ruft er boshaft, als sie abstürzt.
Helga gelingt es noch, rasend vor Zorn, eine Leuchtkugel auf den Ballon abzuschießen.
„Ist nicht persönlich gemeint", stößt sie hervor und stürzt in den Abgrund.

Milo rettet Kida und Atlantis

Nun befindet sich Rourke ganz allein in dem brennenden Ballon. Nur die kristallisierte Kida ist noch seine Gefangene – aber nicht mehr lange!
Denn Milo springt von seinem fliegenden Fisch und klettert die Kette hinauf, die Kida in der Transportkapsel gefangen hält. Er stürzt sich auf den gemeinen Rourke. Milo ist bereit, bis zum bitteren Ende um Kida und ihr Volk zu kämpfen.

Dann klettert Milo nach oben. Rourke greift nach seinem Fuß und schwingt eine Axt. Doch er verfehlt Milo und beschädigt stattdessen Kidas Kapsel.
Milo taucht schnell ein Stück der Leiter in den Riss, das sofort zu Kristall wird. Er schleudert den Kristall tief in Rourkes Arm. Rourkes gesamter Körper verwandelt sich in Kristall. Er lockert seinen Griff um Milos Fuß, stürzt in die Tiefe und zerspringt in tausend winzige Stücke.

Milo und die anderen müssen nun schnell handeln, wenn sie Atlantis und die Prinzessin retten wollen. Als der brennende Ballon zu Boden stürzt, springt Milo ab und versucht die Kristallkapsel, die Kida einschließt, aufzubekommen. Aber er ist einfach nicht stark genug – und der Vulkan, in dem sie sich befinden, kann jeden Augenblick ausbrechen!
Plötzlich geschieht etwas Unerwartetes. Die Kapsel gibt die kristallisierte Prinzessin frei!

Durch die Kraft des Mutterkristalls wachsen mehrere riesige Steinkolosse aus der Erde. Sie klatschen im Takt in die Hände und stellen so ein blaues Energiefeld her, das die Stadt vor der Zerstörung durch den Vulkan schützt.

Da kann die Prinzessin sich endlich von dem Kristall lösen und sinkt in Milos wartende Arme. In ihrer Hand hält sie den Armreif, den ihre Mutter einst mitgenommen hatte, als sie von dem Kristall aufgenommen worden war. Atlantis ist noch einmal gerettet worden und Kida versteht endlich ihre Vergangenheit und die Geheimnisse von Atlantis.

Einige Tage später verlassen die Forscher Atlantis. Nur Milo beschließt zurückzubleiben.
Die anderen kehren zu Mr. Whitmores Villa zurück. Als Dankeschön bringen sie ihm eine Kristallkette von Milo mit. Schließlich kommen sie überein, das Geheimnis von Atlantis für immer zu bewahren.

Und Milo? Nun, obwohl er immer davon geträumt hat, mit der Entdeckung der Stadt Atlantis berühmt zu werden, entscheidet er sich lieber für ein Leben in Frieden – zusammen mit Kida. Und mit ihr errichtet er eine Statue zu Ehren ihres Vaters, so dass der ehemalige Herrscher sich neben den anderen großen Steinkönigen der Vergangenheit einreihen kann.

JEBIDIAH „COOKIE“ FARNSWORTH

Größe: 1,73 m **Gewicht:** 65 kg **Alter:** 72

Geburtsort: Tulsa, Oklahoma, USA
Beruf: Koch

Eigenschaften: respektlos; kann es gar nicht leiden, wenn man seine Kochkünste kritisiert

Cookie ist der Spitzname des 72-jährigen Kochs. Er ist berühmt für seine Fähigkeit, Essen und Vorräte dort aufzutreiben, wo es eigentlich gar keine gibt. Das hat er in der U.S.-Armee gelernt. Cookie hat vor nichts und niemandem Respekt. Er sagt immer, was er denkt, und kann es nicht leiden, wenn man sein Essen kritisiert. Seine Mahlzeiten bestehen aus vier Grundnahrungsmitteln: Bohnen, Speck, Whisky und Schweineschmalz. Er hat immer seine Stiefel an.

DR. JOSHUA SWEET

Größe: 1,98 m **Gewicht:** 131 kg **Alter:** 42

Geburtsort: Bigelowe, Kansas, USA
Beruf: Medizinischer Offizier

Eigenschaften: Kenntnisse in westlicher und indianischer Medizin; ist so sanftmütig wie sein Name

Joshua Sweet kennt sich nicht nur in der westlichen Medizin aus, sondern hat auch ein großes Wissen über indianische Heilmethoden. Die hat er von seinem Onkel Iron Cloud, einem indianischen Medizinmann, gelernt. Sweet setzt sein Wissen für die Expedition ein und heilt Milos schmerzenden Rücken. Trotz seiner kräftigen Statur hat Dr. Sweet einen sehr sanftmütigen Charakter. Eigentlich ist er treu gegenüber seinem Vorgesetzten, doch sein Gewissen zwingt ihn, sich gegen Commander Rourke zu stellen.

AUDREY RAMIREZ

Größe: 1,65 m **Gewicht:** 59 kg **Alter:** 18

Geburtsort: Dearborn, Michigan, USA
Beruf: Mechaniker

Eigenschaften: niedlich, rechthaberisch, mutig und fleißig

Audrey Ramirez ist Chefmechanikerin und hat schon mit fünf Jahren angefangen in der Werkstatt ihres Vaters zu arbeiten. Sie hat mehrere wichtige Erfindungen gemacht oder dabei geholfen, sie zu entwickeln. Audrey ist niedlich, rechthaberisch, mutig und sehr fleißig. Leute, die von Technik nichts verstehen, kann sie nicht leiden. Während der Expedition nach Atlantis freundet sie sich mit Milo an und hilft ihm, den Kontakt zu den anderen Mannschaftsmitgliedern zu finden.